Logli
Leseförderung

Sabine Kalwitzki

Die Suche nach dem Ritterschatz

Illustrationen von Peter Nieländer

Loewe

[redacted]

Der Goldraub

Benno zieht Leo die Bettdecke weg.
„Aufwachen, du Schlafmütze!“,
ruft er aufgeregt.
„Du wirst nicht glauben,
was geschehen ist!
Ritter Tasso ist beraubt worden!“

Müde reibt sich Leo die Augen.
Gerade hat er noch so schön geträumt!
„Was ist denn gestohlen worden?“,
murmelt Leo verschlafen.
„Das ganze Gold!“, schreit Benno.

Wovon erzählt Benno?
Male das richtige Bild farbig aus.

Mit einem Schlag ist Leo hellwach.
„Ritter Tasso? Das ganze Gold?
So eine Gemeinheit!“

Leo und Benno sind Pagen
bei Ritter Tasso auf Burg Fürsteneck.
Bei ihm lernen sie alles,
was sie später als Ritter können müssen.
Und nun hat man Ritter Tasso beraubt!
Die beiden Pagen beschließen,
ihrem Herrn zu helfen.
„Na warte, du gemeiner Golddieb,
wir werden dich kriegen!“,
rufen die beiden Ritterjungen.

LESE-RÄTSEL

Wem möchten Leo und Benno helfen?

Kreuze das richtige Bild an, und ergänze den Satz.

Leo und Benno möchten ______________________ helfen.

Spurensuche

Ob der Dieb noch in der Burg ist?
Leo und Benno beraten sich.
„Lass uns zuerst zur Goldkammer gehen“,
schlägt Leo vor.
„Mit etwas Glück finden wir dort
einen Hinweis auf den Schurken!“

Die beiden steigen in den Keller hinab.
Hinter einer mächtigen Holztür
liegt die Schatzkammer der Burg.
Brennende Fackeln tauchen alles
in unheimliches Flackerlicht.

LESE-RÄTSEL

Was stimmt auf diesem Bild nicht?
Streiche den Fehler durch.

Aufmerksam untersuchen Leo und Benno die leer geraubte Schatzkiste.

„Nicht ein einziger Kratzer!“, wundert sich Benno.

„Dann hatte der Dieb einen Schlüssel!“, kombiniert Leo.

Da entdeckt Benno einen Goldknopf. Er liegt direkt neben der Schatztruhe. Aufgeregt betrachtet er seinen Fund. „Ich wette, der Knopf gehört dem Dieb!“, jubelt Benno begeistert.

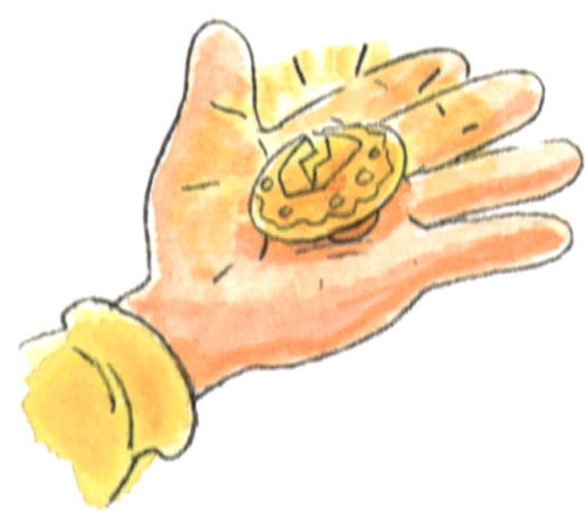

Er steckt das Beweisstück schnell in seine Tasche.

LESE-RÄTSEL

Was hat Benno neben der Schatztruhe gefunden?
Kreise es ein.

Verfolgungsjagd

Plötzlich hören die beiden Pagen
ein seltsames Geräusch.
Erschrocken blicken sie sich um.
Durch den schmalen Türspalt
erkennen sie einen schwarzen Schatten.
Jemand beobachtet sie!
Leo schreit laut auf.
Da verschwindet der Schatten.

Mutig verfolgen die Pagen die Gestalt.
Doch in den dunklen Gängen
verlieren sie schnell ihre Spur.

LESE-RÄTSEL

Welcher Satz ist richtig?
Unterstreiche ihn in deiner Lieblingsfarbe.

Die Pagen hören seltsame Musik.

Durch den Türspalt erkennen sie einen Schatten.

Leo schreit leise auf.

Leo und Benno wollen nicht aufgeben.
„Wir klettern auf die große Kastanie“,
schlägt Benno vor.
„Von dort können wir unbemerkt
die Burgbewohner beobachten.“
Benno ist sich sicher:
Einer von ihnen muss der Golddieb sein.

Die dichten grünen Blätter
sind ein gutes Versteck.
Niemand bemerkt die beiden Pagen.
Mägde, Wachen und Knappen
eilen über den Burghof.
Einige Ritter rüsten sich zur Jagd.

LESE-RÄTSEL

Wo stecken Leo und Benno?
Kreise die beiden farbig ein.

Geheime Nachricht

Ritter Fürchtebold reitet über den Hof.
Unter der Kastanie bleibt er stehen.
Nervös dreht er an den Goldknöpfen
seines seidenen Wamses.
Er sieht sich unauffällig um.
Dann steckt er ein Stück Papier
in ein hohles Astloch der Kastanie
und galoppiert eilig zum Burgtor hinaus.

Leo ist vor Schreck wie versteinert.
Aber Benno holt blitzschnell
das Papier aus dem Astloch.

LESE-RÄTSEL

Welche Früchte gehören zu dem Baum,
auf dem die Pagen sitzen?
Schreibe das richtige Wort auf die Schriftrolle.

„Eine geheime Nachricht!“, flüstert Leo.
„Schnell, sieh nach, bevor jemand kommt!“
Benno faltet den Zettel auf und liest vor:
„Heute Nacht am Moorweiher!“

Plötzlich nähert sich ein Wachmann.
Gerade noch rechtzeitig steckt Leo
die Nachricht wieder in das Astloch.
Leo und Benno halten den Atem an.
Doch der Wachmann bemerkt sie nicht.
Er holt das Papier aus dem Astloch
und steckt es hastig in seine Tasche.
Die Pagen nicken sich zu:
Eine heiße Spur!

LESE-RÄTSEL

Wo soll das Treffen stattfinden?
Kreuze das richtige Bild an.

Dunkle Gestalten

Dichter Nebel liegt über dem Moorweiher.
Leo und Benno schleichen heran
und kauern sich hinter einen Strauch.
Da löst sich ein Schatten
aus der Dunkelheit.
Es ist der Wachmann.
Auch Ritter Fürchtebold erscheint.

„Hier ist dein Lohn!“, sagt Fürchtebold.
„Tasso hat nicht einmal gemerkt,
dass du den Schlüssel zur Goldkammer
gestohlen hast. Gute Arbeit!“

LESE-RÄTSEL

Welche Wörter fehlen?

Lies nach, und ergänze die Sätze richtig.

Dichter ______________ liegt über dem Moorweiher.

Leo und Benno kauern sich hinter einen ______________ .

Der Wachmann hat den ______________ zur Goldkammer gestohlen.

Ritter Fürchtebold wirft dem Wachmann ein kleines, schweres Säckchen zu. Der Wachmann nimmt etwas heraus und beißt prüfend darauf.

„Lass das, du Esel! Das Gold ist echt!“, knurrt Fürchtebold.

Dann tritt er dicht an die Wache heran. „Hör zu! Ich brauche dich noch einmal! Das Gold ist noch auf der Burg. Wir müssen es unbemerkt fortschaffen. Morgen beim Turnier ist es günstig. In dem Trubel wird keiner etwas merken.“ Der Wachmann nickt: „Ja, Herr!“

LESE-RÄTSEL

Zu jedem Bild passt nur ein Satz.
Streiche jeweils den falschen Satz durch.

Ritter Fürchtebold wirft dem Wachmann ein Säckchen zu.
Ritter Fürchtebold wirft dem Wachmann ein Kissen zu.

Der Wachmann beißt prüfend auf das Gold.
Der Wachmann beißt prüfend auf den Schlüssel.

Morgen ist die Jagd.
Morgen ist das Turnier.

Das Turnier

Am nächsten Tag herrscht
buntes Treiben auf Burg Fürsteneck.
Ritter Tasso hat zum Turnier geladen.
An den Raub will er heute nicht denken.

Fröhlich versammeln sich die Gäste
auf dem Kampfplatz.
Mit langen, hölzernen Lanzen reiten
mutige Ritter aufeinander zu.
Leo und Benno bewundern
die stolzen Pferde und Reiter.
Heimlich werden sie dabei beobachtet.

Lese-Rätsel

Was stimmt hier nicht?
Kreise die beiden Fehler ein.

„Komm, die Gelegenheit ist günstig!“,
flüstert Leo seinem Freund Benno zu.
„Lass uns in Fürchtebolds Zimmer
nach dem gestohlenen Gold suchen.“
Im Zimmer des Ritters angekommen,
durchstöbern sie Truhen und Schränke.
Sie suchen sogar unter dem Bett.
Nichts zu finden!

„Ja, wen haben wir denn da!“,
ertönt plötzlich Fürchtebolds Stimme.
Er packt die Pagen am Kragen
und zieht sie unter dem Bett hervor.
Starr vor Schreck bleiben sie stehen.

Was passiert zuerst, was danach?
Ordne die Bilder, und schreibe die Zahlen von 1 bis 3 in der richtigen Reihenfolge in die Kästchen.

Gefangen!

„Zwei kleine Schnüffler, sieh an!“,
schnaubt Fürchtebold.
„Ihr haltet euch wohl für sehr schlau!
Aber mir kommt keiner in die Quere!
Bis ihr euren Herrn warnen könnt,
bin ich schon längst über alle Berge.“

Fürchtebold lacht grimmig.
„Kein Mensch wird ahnen,
welch kostbare Fracht

noch heute durch das Burgtor rollt.
Einen Heuwagen wird niemand aufhalten!“

LESE-RÄTSEL

Wie versucht Ritter Fürchtebold, das Gold aus der Burg zu schaffen? Kreuze das richtige Bild an.

Ehe Benno und Leo sich wehren können,
hat Fürchtebold die beiden eingesperrt.
„So ein Mist!“, ärgert sich Benno.
„Er wird entkommen! Mit dem Gold!“

Leo bleibt ganz ruhig.
„Wir müssen Tasso warnen“, sagt er.
„Denk nach! Wie kommen wir hier raus?“
Benno überlegt und überlegt.
Da fällt sein Blick auf das Fenster.
Rote Rosen ranken bis ins Zimmer hinein.
Er läuft zum Fenster und schaut hinunter.
„Ich hab’s!“, schreit Benno aufgeregt.
„Wir klettern das Rosenspalier hinunter!“

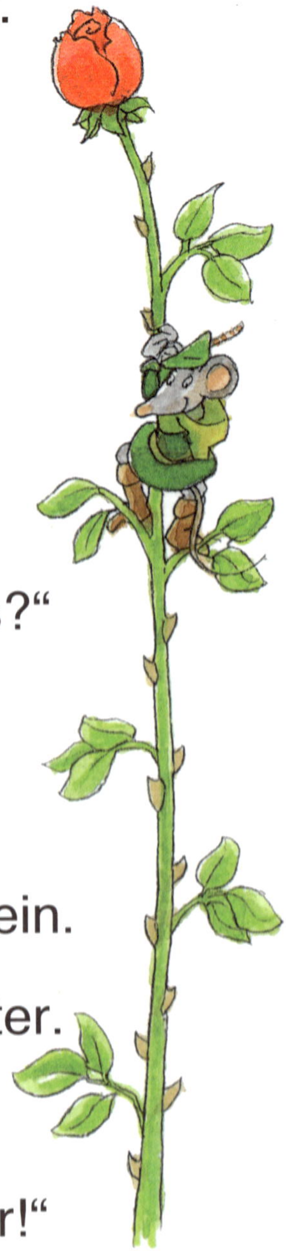

LESE-RÄTSEL

Welche Farbe haben die Rosen?
Male sie in der richtigen Farbe an.

Fluchtversuch

Vorsichtig steigen Benno und Leo
am Rosenspalier hinab.
Die Dornen reißen Löcher in ihre Hosen,
aber sie lassen sich nicht aufhalten.

Endlich unten angekommen,
laufen die beiden, so schnell sie können,
zu Ritter Tasso, ihrem Herrn.
„Herr, wir haben den Golddieb gefunden!“,
ruft Leo ganz außer Atem.
„Er will mit Eurem Goldschatz fliehen!“
Erstaunt hört Tasso seinen Pagen zu.

LESE-RÄTSEL

Ordne die Bilder, und schreibe die Zahlen von 1 bis 4 in der richtigen Reihenfolge in die Kästchen.

Ritter Tasso handelt sofort.
Er verstärkt die Wachen an der Zugbrücke,
damit Fürchtebold die Burg
nicht ungehindert verlassen kann.
Dann versteckt sich Tasso
mit Leo und Benno hinter dem Burgtor.

Da kommt auch schon Ritter Fürchtebold
und hinter ihm ein Heuwagen.
„Gott zum Gruße!“, winkt Fürchtebold.
„Absteigen!“, befehlen die Wachen
und durchsuchen den Heuwagen.
„Welch unhöfliches Benehmen!“,
beschwert sich Ritter Fürchtebold.

Welche Wörter gehören in die Kästchen?
Lies im Text nach, und trage sie richtig ein.

Der Beweis

Es dauert nicht lange,
und die Wachen finden
den versteckten Goldschatz im Heu.
„Wohin des Weges, Freund?“, fragt Tasso,
der aus seinem Versteck hervortritt.

Fürchtebold wird blass um die Nase.
Nervös fingert er an seinen Knöpfen.
„Ich weiß gar nicht, was Ihr wollt!“,
erwidert er mit unschuldigem Blick.
„Ach, nein? Und wie kommt mein Gold
auf Euren Wagen?“, fragt Ritter Tasso.

LESE-RÄTSEL

Was finden die Wachen im Heu?
Kreuze das richtige Bild an.

„Was für Gold? Und wieso mein Wagen?"
Fürchtebold reißt erstaunt die Augen auf.

„Er hat das Gold geraubt!", schreit Leo
und rennt auf Tasso und Fürchtebold zu.
„Du kannst mir gar nichts beweisen!",
zischt Fürchtebold böse.
„Abwarten!", grinst Benno
und greift in seine Jackentasche.
Langsam geht er auf Fürchtebold zu.
„Diesen Goldknopf haben wir
in der Schatzkammer gefunden.
Seht nur, Herr, er passt genau
an Fürchtebolds Jacke!"

LESE-RÄTSEL

Welcher Satz passt nicht zum Text?
Streiche ihn durch.

Fürchtebold reißt erstaunt die Augen auf.

Benno greift in seine Jackentasche.

Diesen Hut haben wir in der Schatzkammer gefunden.

Burgfest

Ritter Fürchtebold wird festgenommen.
Und sein Helfer, der untreue Wachmann,
wird von der Burg gejagt.

Ausgelassen feiern die Bewohner der Burg
ihre mutigen Helden.
„Bravo, Leo! Bravo, Benno!“,
rufen sie immer wieder.

Und Ritter Tasso schenkt beiden
einen Ritterorden aus purem Gold.
Leo und Benno strahlen um die Wette.
Jetzt sind sie beinahe richtige Ritter!

Was rufen die Bewohner der Burg den Pagen zu?
Male das richtige Wort farbig aus.

Lösungen

Seite 3: Benno erzählt vom geraubten Gold.

Seite 5: Leo und Benno möchten *Ritter Tasso* helfen.

Seite 7: In den Kellern von Burg Fürsteneck gibt es noch keine Lampen mit Glühbirnen.

Seite 9: Benno hat einen Goldknopf gefunden.

Seite 11: Der richtige Satz lautet: Durch den Türspalt erkennen sie einen Schatten.

Seite 13: Hier stecken die beiden Pagen:

Seite 15: Leo und Benno sitzen auf einem Kastanienbaum. Also gehören die *Kastanien* zu dem Baum.

Seite 17: Das Treffen soll in der Nacht am Moorweiher stattfinden.

Seite 19: Dichter *Nebel* liegt über dem Moorweiher.
Leo und Benno kauern sich hinter einen *Strauch*.
Der Wachmann hat den *Schlüssel* zur Goldkammer gestohlen.

Seite 21: Diese Sätze sind richtig:
Ritter Fürchtebold wirft dem Wachmann ein Säckchen zu.
Der Wachmann beißt prüfend auf das Gold.
Morgen ist das Turnier.

Seite 23: Das stimmt nicht:
Ein Ritter hat statt einer hölzernen Lanze einen Besen in der Hand.
Ein Ritter reitet statt auf einem Pferd auf einem Bullen.

Seite 25: Das ist die richtige Reihenfolge: